DE L'ASSISTANCE PUBLIQUE A LILLE.

STATISTIQUE DU PAUPÉRISME

ET

DES SECOURS PUBLICS

A LILLE,

Par M. A. HOUZÉ DE L'AULNOIT,

Avocat,
Administrateur des Hospices et du Bureau de bienfaisance,
Membre de la Société des-Sciences, de l'Agriculture
et des Arts de Lille.

LILLE,

IMPRIMERIE L. DANEL.

1876

DE L'ASSISTANCE PUBLIQUE A LILLE.

STATISTIQUE DU PAUPÉRISME

ET

DES SECOURS PUBLICS

A LILLE.

Par M. A. HOUZÉ DE L'AULNOIT,

Avocat,

Administrateur des Hospices et du Bureau de bienfaisance,
Membre de la Société des Sciences, de l'Agriculture
et des Arts de Lille.

LILLE.

IMPRIMERIE L. DANEL.

1876

DE L'ASSISTANCE PUBLIQUE A LILLE.

STATISTIQUE DU PAUPÉRISME

ET

DES SECOURS PUBLICS

A LILLE[1].

Par M. A. HOUZE DE L'AULNOIT,

Avocat,

Administrateur des Hospices et du Bureau de bienfaisance,

Membre de la Société des Sciences, de l'Agriculture et des Arts de Lille

PREMIÈRE PARTIE

Toutes les questions qui se rattachent à l'assistance publique ont le privilège d'intéresser et d'attirer l'attention des économistes. Soulager la misère, c'est l'œuvre de la charité publique et privée : mais prévenir la misère, ou du moins restreindre dans les plus étroites limites les causes qui y conduisent, c'est là une étude dont on ne saurait se dissimuler tout à la fois l'importance et la difficulté. La question, en effet, est complexe ; avant de chercher le remède, il faut constater le mal, porter un diagnostic certain et surtout mettre en lumière le véritable siége de la souffrance publique et privée. Dans les grands centres industriels, tels que Lille, s'ouvre un vaste champ aux études de l'observateur, et, dans la statistique officielle de la charité, nous trouverons d'utiles renseignements pour la solution de ce difficile problème.

---

[1] Extrait des Mémoires de la Société des Sciences, de l'Agriculture et des Arts de Lille, année 1876, tome II, 4ᵉ série.

Lorsque la révolution éclata, le service général des pauvres n'était point régi, dans la ville de Lille, par deux commissions distinctes, telles qu'elles existent actuellement. Chacun des hôpitaux et hospices particuliers de la ville jouissait de revenus et de fondations distincts, et s'administrait lui-même; les secours délivrés aux pauvres émanaient du Bureau général de la charité, sous la direction duquel se trouvait en outre l'Hospice général. Les revenus des divers établissements de bienfaisance étant diminués dans une notable proportion et l'administration civile ayant, en vertu de la loi du 17 août 1792, chassé les ordres religieux qui les desservaient, il fallut reconstituer sur des bases nouvelles la distribution des secours aux indigents.

Le 5 ventôse an II, le corps municipal de la commune de Lille se réunissait à l'hôtel de ville; l'ordre du jour appelait l'établissement d'une administration générale des biens et revenus des pauvres. Après délibération, il fut résolu que toutes les propriétés et revenus leur appartenant, quelle qu'en fut la dénomination, seraient indistinctement réunis au domaine des pauvres. Toutes démarcations de paroisses auxquelles ils étaient affectés étaient supprimées, comme contraires aux principes de l'égalité.

Une commission composée de 54 membres, dont 6 étaient nommés par la société populaire, et 48 par le conseil municipal, fut préposée à la gestion des revenus, secours et aumônes. Un directoire de 6 membres choisi dans son sein avait seul qualité pour administrer; les 48 autres membres étaient chargés de la distribution des secours.

Les mesures les plus rigoureuses et les plus blessantes pour la dignité humaine étaient prises, afin d'écarter des distributions ceux qui éventuellement pourraient en abuser. Ainsi, on lisait dans cette délibération : « Un tableau général des pauvres sera perpétuellement exposé à la censure publique dans un cadre grillé au lieu où sont affichées les lois.

» Nul ne pourra être inscrit au registre, s'il ne prouve, par des certificats authentiques, ses droits aux secours publics, par son indigence, à laquelle il n'aura pas contribué par son inconduite ou par l'oisiveté ; par la famille nombreuse dont il est chargé et par l'insuffisance du travail pour pourvoir à la subsistance de ses enfants. *(Sic)*.

» Ceux qui d'après les preuves exigées ci-dessus, auraient été portés au registre et qui ne continueraient pas à s'en rendre dignes par la pratique des vertus sociales, en seraient rayés et mis en *état d'arrestation*, comme *ennemis de la société*. »

Arrêter les indigents qui ne pratiqueront pas les vertus sociales! les emprisonner comme ennemis de la société! Tel était alors le dernier mot de la charité publique.

La loi du 7 frimaire an V, qui organisait dans toute la France les Bureaux de bienfaisance, n'apporta aucun changement à ce mode de répartition des secours publics à Lille. En l'an XI, les hospices et bureaux de bienfaisance furent réunis, et la commission administrative, contrairement à ce qui s'était fait jusque là, choisit elle-même ses 16 distributeurs ou pauvriseurs. Ils ne firent plus partie de la commission, mais furent exclusivement chargés de porter les secours à domicile.

Le 26 décembre 1806, la commission, sur la demande de M. le préfet du Nord, changea les circonscriptions. Au lieu d'être paroissiale, la charité fut circonscrite dans les limites des cinq arrondissements de justice de paix, créés par la loi du 15 vendémiaire an X. Le nombre des distributeurs des cinq cantons était fixé à 40.

En 1828, M. le vicomte de Villeneuve-Bargemont, préfet du Nord, qui, dans sa sollicitude pour les malheureux, se préoccupait sans cesse des moyens de leur venir en aide, songea à multiplier le nombre des distributeurs et à leur assurer le concours particulièrement des dames charitables.

De véritables abus s'étaient introduits dans l'administration de la charité publique; le nombre des indigents qui était, en 1806, de 16,743, s'était élevé:

En 1816, à 19,820;

En 1825, à 20,357;

Et enfin, en 1827, à 25,093, pour une population de 64,291, soit près de 39 % du nombre des habitants. Les indigents une fois inscrits étaient assurés de recevoir toujours des secours; leur situation semblait irrévocablement arrêtée et les distributeurs accablés par des travaux au-dessus de leurs forces, ne pouvaient plus suffire à un pareil fardeau. Envisageant avec effroi l'immensité de leur mandat, quelques-uns en demeuraient accablés, incapables de contrôler et de suivre les changements survenus dans les situations; acceptant les demandes, mais ne radiant jamais.

Ces abus sont énergiquement signalés par le préfet.

« Considérant, dit-il dans son arrêté du 15 septembre 1828, l'insuffisance du nombre des commissaires-distributeurs, dont quelques-uns étant chargés de *mille à douze cents pauvres*, ne peuvent les surveiller, connaître leur conduite et leurs besoins, sans y employer la totalité de leur temps, sacrifice véritablement trop pénible pour que l'on puisse en demander et même en espérer la continuation:

» Désirant diviser ces utiles fonctions de manière à ce que le temps qu'elles exigent, puisse être proportionné à celui que les personnes bienfaisantes peuvent y consacrer, et sachant combien la coopération des dames doit adoucir les maux de l'humanité et aider à remplir l'une des plus importantes fonctions de l'administration, celle de soulager les besoins réels de l'indigence, etc.,

ARRÊTÉ

« Article 1er. — La ville de Lille sera, pour la distribution des secours publics, divisée en six arrondissements dont la circonscription sera la même que celle
des paroisses. »

Quant au surplus de l'organisation administrative, elle
était la suivante : les membres du Bureau de bienfaisance
étaient nommés par le préfet, qui désignait également les
membres de chaque bureau paroissial. Ceux-ci, à leur
tour, avaient le droit exclusif de nommer les commissaires et les dames chargés des distributions, de telle
sorte que les administrateurs demeuraient sans force et
sans action vis-à-vis de ces derniers. D'un autre côté, les
pauvriseurs, qui, jusque là, n'avaient eu de relations
directes qu'avec les administrateurs du Bureau de bienfaisance, se trouvaient obligés de se conformer aux
instructions des membres du Bureau paroissial.

Cette organisation souleva bientôt de vives réclama-
tions. Les commissaires distributeurs refusant de rendre
compte de leurs opérations aux membres des bureaux de
charité, ceux-ci laissaient le bureau de bienfaisance dans
la plus complète ignorance de ce qui se passait. En outre,
les seconds ayant le droit de faire des quêtes, lorsqu'ils
le jugeaient convenable, ces dons éventuels ne figuraient
souvent ni aux recettes, ni aux dépenses, et il résultait
de cet état de choses des irrégularités graves dans la
comptabilité générale.

Il serait cependant injuste de méconnaître les services
que rendit cette institution, pendant sa courte existence
de quatre années. Elle avait trouvé 25.000 indigents,
concourant aux secours du Bureau de bienfaisance; dès
l'année 1829, ce nombre était réduit à 23,229, et, en 1832,
il était retombé à 17,337, soit environ 25 p. °⁄₀ du chiffre
de la population qui s'était alors élevé à 69,860. Beaucoup
d'abus avaient été supprimés, de véritables injustices

avaient pris fin, et la charité publique, au lieu d'être détournée de sa voie, réservait toutes ses ressources pour les infortunes véritables. Et cependant cette période avait été singulièrement éprouvée par la famine et par le choléra, qui avait exercé de cruels ravages au sein de la population ouvrière.

La Commission administrative du Bureau de bienfaisance se plaignit également au préfet de ce que cette « organisation reconnaissait, sans utilité pour le service, » des supériorités, là où il ne devait y avoir que des » pairs ; les notables distributeurs et dames de charité » n'étant pris que parmi les personnes les plus considé- » rées de la ville, ayant la même œuvre à accomplir, » œuvre toute de générosité et de dévouement ;

» Que c'était donc avec raison que les distributeurs » préexistants à cette organisation trouvaient dans la » composition nouvelle des Bureaux de charité des iné- » galités offensantes, que c'était méconnaître leurs longs » et honorables services que de les appeler à remplir des » fonctions subalternes, que n'avait jamais souffertes ni » ne pouvait souffrir une Commission de bienfaisance. »

Ces considérations si justes et si légitimes furent écoutées ; et, par décision du préfet du Nord, du 7 juin 1832, les dispositions de l'arrêté de son prédécesseur, du 15 septembre 1828, furent rapportées. Chaque Bureau de charité pouvant être composé d'un nombre illimité de citoyens et de dames de charité, fut directement nommé par le Bureau de bienfaisance.

Ce régime dura vingt ans, et, pendant cette période, les secours furent confiés à cette nouvelle phalange ; mais ce mode de répartition présentait lui-même des inconvé- nients sérieux, et quels que fussent le zèle, l'activité et le dévouement des personnes qui se consacraient ainsi au service des pauvres, de graves abus se glissaient peu à peu dans l'administration. Les comptes étaient tellement défectueux et la négligence des distributeurs telle, que

M. le ministre de l'intérieur, dans une dépêche de 1850, n'hésitait point à dire, que le Bureau de bienfaisance avait en quelque sorte abdiqué ses droits et ses pouvoirs, et qu'il n'existait plus que de nom. Les Inspecteurs généraux ne laissaient échapper aucune occasion de critiquer cette déplorable gestion. Dans une lettre du 24 mars 1855, adressée à M. le maire de Lille, M. le préfet du Nord, résumant un rapport à lui transmis par le ministre, disait : « qu'on se plaint que la comptabilité des Bureaux de charité est nulle et sans moyens de contrôle, que les pauvriseurs ne remettent à la commission qu'un simulacre de compte, ou plutôt un simple état de situation, qui ne permet pas de suivre l'emploi des sommes ou des matières en nature qui leur ont été confiées. Ces commissaires font, en outre, des quêtes, dont le montant ne passe pas dans les mains du receveur de l'Établissement et qui, par conséquent, ne figurent pas dans ses comptes. »

M. le préfet ajoutait que « d'accord avec le bureau de bienfaisance, il avait plusieurs fois recherché les moyens de faire disparaître les abus signalés, mais ils étaient invétérés et ils découlaient moins, il doit le dire, de la volonté des hommes honorables qui, sous le nom de pauvriseurs, s'étaient chargés de la tâche pénible de la distribution, que d'une organisation qui, en éparpillant sur un nombre considérable de personnes la responsabilité, la rendait, pour ainsi dire, illusoire. »

En conséquence, il se décida à prononcer la suppression des bureaux de charité et leur remplacement par des sœurs de charité.

En donnant connaissance de cet arrêté à M. le maire de Lille, il formulait ce vœu si souvent reproduit :

« J'espère que la ville de Lille, qui figure d'une si triste manière dans la statistique de l'indigence et qu'on représente comme renfermant un pauvre sur trois habitants, reprendra une place meilleure, et, je dois l'ajouter, plus vraie, dans l'échelle du paupérisme. »

Le préfet faisait allusion aux publications de Blanqui, d'Emile de Girardin, qui, après une visite aux caves de Lille, proclamaient cette ville une de celles où la misère leur était apparue la plus triste et la plus hideuse.

Depuis cette époque, la ville s'est agrandie de 78,641 habitants, sur lesquels on comptait, en 1858, une population indigente de 12,412, notre cité a atteint le chiffre de 158.000 habitants, et le nombre des pauvres celui de 23,500. Les espérances de M. le préfet du Nord, de 1855, se sont donc à peu près réalisées. La misère n'atteint plus ce chiffre effrayant de un individu sur trois, mais il est de un sur six : sur une population aussi considérable que celle de Lille, cette proportion renferme encore de grands enseignements et révèle de bien profondes souffrances.

Nous diviserons notre travail en trois parties, aussi bien pour le bureau de bienfaisance que pour l'administration des hospices, et nous traiterons successivement :

1° Du nombre des indigents assistés ;

2° De la nature des secours distribués ;

3° Enfin nous signalerons les industries et professions auxquelles appartiennent les indigents.

NOMBRE DES INDIGENTS.

Le nombre des indigents inscrit, au bureau de bienfaisance de Lille s'élève au chiffre de 23,724 pour l'année 1874, pour une population de 156,000 âmes.

Sur ce nombre de 23,724, une partie est secourue d'une manière régulière pendant toute l'année; une autre, pendant quatre mois d'hiver seulement.

La première catégorie comprend :

	5,003 familles	composées de	19,046	individus.
La 2ᵉ	926	—	4,678	—
Soit	5,929 familles	et	23,724	individus.

Cette population indigente est répartie d'une manière
fort inégale sur l'étendue de notre territoire. Ainsi, dans
l'ancienne ville, la moyenne proportionnelle des indigents, comparée à celle des habitants. n'excède pas 12° ‰
et dans le quartier Saint-Sauveur, autrefois le plus misé-
rable de Lille, elle n'atteint même qu'une moyenne de
13 ° ‰. Ce résultat singulier ne peut être attribué, suivant nous, qu'à cette circonstance que les pauvres ten-
dent de plus en plus à émigrer vers la nouvelle ville.

Cela est si vrai qu'en 1857 et 1858, avant l'agrandisse-
ment, la moyenne des indigents secourus atteignait dans
cette partie de la ville 17 ° ‰ de la population totale.

Voici du reste les chiffres officiels :

DISPENSAIRES.	PAROISSES.	Population par chaque paroisse.	Population par dispensaire	Indigents inscrits.	Moyenne de la population.
Rue de la Barre. (Ancienne ville.)	La Madeleine	14,279	»	»	»
	Saint-André	4,187	,	»	»
	Sainte-Catherine.......	12,905	,	,	»
	Saint-Étienne.........	14,824	46,195	4,695	10 ° ‰
Stappaert ...... (Ancienne ville.)	Saint-Maurice.........	15,377	»	»	»
	Saint-Sauveur.........	18.811	34.188	4,497	13 ° ‰
Wazemmes.....	St-Pierre et St-Paul...	32,378	32.378	6,640	20 ° ‰
Esquermes	Notre-Dame (Vauban)...	5,000	»	,	»
	Saint-Martin..........	7,141	12,141	2.504	20 ° ‰
Moulins-Lille....	Saint-Vincent-de-Paule.	14,142	14,142	2,149	15 ° ‰
Saint-Gabriel ..	Saint-Maurice banlieue	4,283	»	,	»
	Notre-Dame (Fives)....	12,436	16,419	2,907	17 ° ‰
			155,763	23,389	

A ce chiffre de 23,389, il y a lieu d'ajouter. pour avoir
le nombre véritable de la population indigente, 326 individus qui ne reçoivent point de secours des dispensaires,

parce que les sœurs de charité ne peuvent les visiter, mais auxquels les secours sont délivrés par le bureau central.

Les sections de Wazemmes et d'Esquermes sont donc en réalité les plus malheureuses et les plus déshéritées de la ville de Lille. Et, dans la réalité des faits, malgré les distributions de la charité publique, alors qu'un cinquième de la population ne saurait s'en passer, la bienfaisance privée peut seule, en se multipliant, soulager tant de misères. Dans l'ancienne ville, diverses causes concourent à adoucir le sort du pauvre ; les enterrements riches sont une occasion fréquente de répartitions paroissiales de pains, qui manquent presque complètement dans les communes annexées. Les mariages, les naissances, sont également une abondante source d'aumônes dont profitent seuls les indigents de la paroisse.

Comment se compose cette population ? c'est là une étude des plus intéressantes :

	Familles.	Individus.
Hommes seuls âgés, infirmes	263	263
Femmes seules âgées, infirmes	1,303	1,303
Ménages vieux ou infirmes	367	734
Femmes veuves ou abandonnées, ou filles avec enfants	1,019	3,505
Ménages avec enfants	2,978	17,924
	5,930	23,729

Les 1,019 femmes veuves ou abandonnées ont avec elles 2,486 enfants, soit environ deux à trois enfants chacune 2,486

Les 2,978 ménages possèdent 12,173

enfants, soit une moyenne de quatre enfants par famille.

Total des enfants 14,659

Dans un examen comparatif fait pendant l'année 1872, sur les 4,698 familles, composées de 17,640 individus secourus toute l'année, la moyenne des enfants par famille était dans toute la ville ainsi répartie :

	Moyenne des enfants par famille
1° Dans l'ancienne ville :	
Dispensaire de la Barre	5
— de Stappaert	5
2° Dans la nouvelle ville :	
Dispensaire de Wazemmes	5 à 6
— d'Esquermes	6
— de Moulins-Lille	5 à 6
— de Fives	plus de 6

Les familles sont donc plus nombreuses, dans les communes annexées, de vingt pour cent environ, que dans l'ancienne ville.

La population indigente de Lille, hommes, femmes et enfants, peut se résumer ainsi :

HOMMES

Vieillards seuls infirmes	263	
Vieillards mariés	367	
Indigents sans profession à cause d'infirmités ou maladies	268	
Indigents valides	2,710	
	3,608	3.608

FEMMES

Femmes âgées seules	1,303	
— — mariées	367	
Femmes veuves ou abandonnées avec enfants	1,019	
Femmes mariées demeurant avec leurs maris	2,778	
	5,467	5,467

ENFANTS

Enfants orphelins de père et de mère	122	
— — de père	2,364	
Enfants demeurant avec leurs parents	12,173	
	14,659	14,659
		23,734

Quant à l'age des vieillards, dans la statistique faite en 1872, sur les familles secourues pendant toute l'année, c'est-à-dire sur 4,738 familles et 17,640 individus, on a relevé les chiffres suivants :

	VIEILLARDS au-dessus de 60 ans.	INDIGENTS de 50 à 60 ans.	TOTAUX.
Hommes seuls	162	72	234
Femmes seules..........	990	270	1,260
Aveugles	»	»	70

Cette proportion est aujourd'hui à peu près la même, car de semblables infortunés doivent être secourus en toute saison.

Les chiffres actuels sont, en effet :

Vieillards seuls, 263 au lieu de 234.

Femmes seules âgées, infirmes, 1303, au lieu de 1260.

Sur la population de 1872 inscrite dans la première catégorie au nombre de 17,640 individus, les enfants représentaient un chiffre de 10,551, dont 2,439 ou 23 °/₀ seulement travaillaient. — Il y avait donc 8,112 enfants, 77 °/₀ entièrement à la charge de leurs parents.

En appliquant cette moyenne proportionnelle à la situation dressée le 10 août 1871, sur la totalité des indigents, nous trouverons, sur 14,639 enfants, onze mille environ qui ne peuvent en aucune façon venir en aide à leur famille.

Nous avons précédemment remarqué que la proportion des indigents secourus, était de beaucoup moins grande à Lille, que dans les communes annexées 12 °/₀ contre 18 à 20 °/₀. Au sujet du travail des enfants, il est bon de consigner ici une observation curieuse, c'est que, dans l'ancien Lille, la proportion des enfants qui travaillent est plus considérable que dans les autres parties de la ville.

Dans les paroisses de la Madeleine, Saint-André, Sainte-Catherine, Saint-Étienne, la proportion est de 28 pour cent ; dans les paroisses Saint-Maurice et Saint-Sauveur, de 26 pour cent, tandis qu'elle n'est pas de 20 pour cent dans les communes annexées, et tombe même à 18 pour cent à Fives et à Saint-Maurice.

NOMBRE D'ENFANTS.

Il y a 10,551 enfants, dont 2,439, ou 23 p. % travaillent.

—   —   dont 8,112, ou 76 p. % ne travaillent pas.

Division proportionnelle par dispensaire.

ENFANTS.	Wazemmes.	P. %	La Barre.	P. %	Stappaert.	P. %	Esquermes.	P. %	St-Gabriel.	P. %	Moulins.	P. %	Bureau central.	P. %
Travaillant	578	21	660	28	482	26	265	20	240	18	173	21	40	23
Ne travaillant pas.........	2,136	78	1,657	71 2	1,358	74	1,072	80	1,095	82	638	79	125	75
Nombre total d'enfants	2,714		2,317		1,870		1,337		1,335		812		166	

L'enseignement à tirer de ces différences, c'est qu'à Fives et ailleurs, au lieu d'envoyer les enfants d'un âge trop tendre dans les fabriques, où leur santé s'altère, on les assujettit à fréquenter les écoles, qui développent leur intelligence. C'est là un bon résultat à constater au profit des enfants.

La loi de 1874, sur le travail des enfants dans les manufactures, en fixant à douze ans l'âge minimum pour l'entrée des enfants dans les ateliers, donne ainsi une légitime satisfaction aux plaintes si souvent répétées de tous ceux qui se préoccupent de l'avenir de l'industrie.

Signalons, en passant, à l'attention publique, le nombre considérable de femmes âgées comparé à celui des hommes.—1,304 femmes d'une part, 263 hommes seulement de l'autre! et celui des femmes veuves avec enfants, 1,019! Comment expliquer une aussi étrange disproportion entre les deux sexes? Les femmes représentent soixante pour cent et les hommes quarante du chiffre total des indigents adultes! Il faut évidemment y trouver une révélation des plus graves, c'est la mortalité de l'homme beaucoup plus grande que celle de la femme parmi les pauvres. Les femmes dont la vie est généralement exempte des excès qui dégradent l'ouvrier et abrégent son existence, jouiraient ainsi à Lille d'une longévité supérieure à celle des hommes. Combien de pareils résultats ne donnent-ils pas une éclatante sanction à la loi récente sur l'ivresse!

§ 2.

NATURE DES SECOURS DISTRIBUÉS

Les secours délivrés par le bureau de bienfaisance sont répartis par 42 sœurs de Saint-Vincent-de-Paule, auxquelles est confié tout le service de cette grande administration.

Voici comment s'opère cette **répartition** sur toute l'étendue de notre ville :

DISPENSAIRES.	Nombre des familles secourues.	Nombre de sœurs.	Familles par chaque sœur.
Rue de la Barre...............	1,310	7	187
Stappaert	1,281	8	160
Wazemmes...............	1,320	8	180
Esquermes et Vauban	531	5	106
Saint-Gabriel.............	531	5	106
Moulins-Lille..............	559	4	110
Plus pour quatre ouvroirs et la pharmacie centrale	....	5	
Total		42	

Chaque sœur de charité, dans le courant d'un mois, visite donc, et souvent plusieurs fois, un nombre de familles qui varie de 180 à 106, suivant l'étendue de la paroisse et l'éloignement des logements. Quelle rude et pénible tâche que cette assistance au chevet du pauvre, lorsque la maladie vient le clouer sur son lit de douleur, et de quel dévouement ne faut-il pas que ces saintes filles de Saint-Vincent-de-Paule soient animées pour satisfaire ainsi et surtout pendant les rigueurs de l'hiver, car c'est alors que les indigents sont le plus nombreux, à toutes les exigences d'un pareil ministère !

Vingt médecins sont chargés de visiter les pauvres à domicile et donnent chaque jour dans les dispensaires des consultations gratuites.

Huit sages-femmes sont aussi attachées aux dispensaires.

Les médicaments sont fournis par la pharmacie centrale des hospices

Les chiffres que nous donnons dans ce chapitre sont ceux de l'année 1872. Ils varient du reste fort peu d'avec ceux de 1874.

En 1872, les dépenses ordinaires se sont élevées à 469,029 fr., sur lesquelles le Conseil municipal avait alloué 241,503 fr., dont 6,000 fr. pour l'extinction de la mendicité.

Il a été distribué 555,041 kilog. de pain, pour une somme de 177,681 fr.; dans cette quantité de 555,041 kilog. figurent 27,750 kilog. de pain pour secours aux convalescents sortant de l'hôpital ou aux ouvriers sans ouvrage; soit, pour l'ensemble du service, en moyenne deux kilog. de pain par semaine et par famille. Mais la première catégorie recevant des secours pendant douze mois, tandis que la seconde ne participe aux distributions que pendant quatre mois, la proportion s'établit comme suit entre les deux catégories :

La première a reçu 488,905 kilos. = 104 kilos par famille.
La deuxième a reçu 38,386 kilos. = 34 kilos ——

Nombre des pains donnés aux familles dans chaque dispensaire et proportions entre les dispensaires.

NOMBRE DE PAINS.	Wazemmes.	P. %	La Barre.	P. %	Stappaert.	P. %	Esquermes.	P. %	St-Gabriel.	P. %	Moulins.	P. %	Bureau central.	P. %	Résumé pour tous les dispensaires.	P. %
Familles qui n'ont qu'un pain	350	31	423	38	383	36	141	33	128	30	94	23	9	7		
— 2 —	577	51	680	60	514	49	234	55	236	56	194	49	78	63		
— 3 —	150	13	35	2	111	10	50	11	42	10	74	18	28	22		
— 4 —	33	3	»	»	26	2	2	0,5	8	2	22	5	2	»		
— 5 —	6	0,5	1	»	»	»	»	»	»	»	2	0,5	»	»		
— 6 —	1	»	1	»	»	»	»	»	»	»	»	»	»	»		
RÉSUMÉ PAR DISPENSAIRE.																
Familles qui ont 1 ou 2 pains.	927	82	1,103	96 7/10	897	86	375	87	364	85	288	74	88	70	4,042	87
Familles qui ont 3 pains et au-dessus	190	17	37	3 2/10	137	13	52	12	50	12	98	25	29	22	593	12 3/10
															4,935 (A)	

(A) Il y a un certain nombre de familles qui ont un secours d'argent sans pain.

Il a été distribué pendant l'hiver 84,035 kilos de pommes de terre pour 9,189 fr., soit 15 kilos par famille, ressource évidemment des plus exiguës.

La viande et le bouillon sont réservés pour les malades et les convalescents ; ce secours s'est élevé à 15,579 kil. de viande achetés 23,186 fr.

Les distributions d'argent, ainsi que les secours aux aveugles et les prébendes, ont atteint, en 1872, la somme de 39,174 francs. Les aveugles, les vieillards seuls, les veufs et veuves chargés d'enfants, ainsi que les ménages de vieillards reçoivent exclusivement des secours en argent. 1909 familles ont participé à ce secours en 1872 soit par chaque famille, composée de 5 à 6 personnes, 20 fr. 52 c.

SECOURS EN ARGENT PAR DISPENSAIRE.

DISPENSAIRES.	Hommes seuls.		P. %	Femmes seules.		P. %	Orphelins.		P. %	Vieux ménages.		P. %
Wazemmes....	9 sur 43		20	103 sur 250		11	3 sur 29		10	24 sur 95		25
La Barre......	7 » 33		21	180 » 370		48	20 » 38		52	21 » 79		26
Stappaert......	17 » 83		20	196 » 360		53	2 » 23		8	32 » 86		37
Esquermes	6 » 10		60	36 » 67		53	6 » 7		85	9 » 35		25
Saint-Gabriel...	4 » 12		33	29 » 83		33	1 » 6		18	6 » 48		33
Moulins	4 » 10		40	35 » 106		33	5 » 18		27	11 » 34		32
Bureau central.	12 » 51		23	3 » 16		18	»		»	1 » 4		25
	59 sur 242		24	582 sur 1,252		46	37 sur 121		30	104 sur 351		29

DISPENSAIRES.	Veufs avec enfants.		P. %	Veuves avec enfants.		P. %	Ménages avec enfants.		P. %
Wazemmes....	5 sur 40		12	84 sur 180		46	38 sur 512		7
La Barre......	11 » 36		30	97 » 260		37	45 » 354		12
Stappaert......	13 » 42		30	73 » 169		43	29 » 311		9
Esquermes.. ..	2 » 13		15	21 » 58		37	7 » 238		2
Saint-Gabriel ..	2 » 8		25	31 » 68		45	6 » 225		2
Moulins	2 » 8		25	25 » 75		33	4 » 136		2
Bureau central.	1 » 4		25	3 » 37		8	2 » 10		20
	36 sur 151		23	234 sur 847		39	131 sur 1,786		7

RÉSUMÉ GÉNÉRAL PAR CATÉGORIE.

Hommes seuls	59	sur	242	ou	24 p. %
Femmes seules.	582	»	1,252	»	46 »
Orphelins	37	»	121	»	30 »
Vieux ménages	104	»	351	»	29 »
Veufs avec enfants	36	»	151	»	23 »
Veuves avec enfants. . . .	334	»	847	»	39 »
Ménages avec enfants. . .	131	»	1,786	»	7 »

En outre, chaque famille aumônée reçoit l'hiver un vêtement ou pièce d'hiver d'une valeur moyenne de 4 fr.

Enfin divers secours particuliers, tels que paille de blé, cercueils, médicaments, logements, etc., figurent au budget pour le chiffre de 57,485 fr., soit environ 10 fr. par famille.

En résumé, 4,741 familles secourues toute l'année et composées de 17,640 individus, ont reçu chacune 89 fr. 45 c., un peu moins de vingt fr. par tête; et les 1,129 familles de la seconde catégorie, 29 fr. 81 c.

La dépense ordinaire de l'année, tant en secours qu'en frais généraux et d'organisation, se répartit entre familles indigentes de la manière suivante :

DÉSIGNATION des DÉPENSES.	NOMBRE DE FAMILLES.			TOTAL de la dépense ordinaire de l'année.	DÉPENSE moyenne par famille des deux catégor. réunies.	DÉPENSE AFFÉRENTE		DÉPENSE MOYENNE par famille	
	1re catégorie.	2e catégorie.	TOTAL.			à la 1re catégorie.	à la 2e catégorie.	à la 1re catégorie	à la 2e catégorie
				fr. c.	fr. c.	fr. c.	fr. c.	fr. c.	fr. c.
§ 1er. — Frais d'administration				51,637 64	8 79	47,840 16	3,797 48	10 09	3 36
	4,741	1,129	5,870						
§ 2. — Secours				406,137 73	69 19	376,270 02	29,867 73	79 36	26 45
Totaux	4,741	1,129	5,870	457,775 39	77 98	424,140 18	33,635 21	89 45	29 84

Si, à la dépense ordinaire de l'année, on ajoute la capitalisation du dixième des rentes sur l'État et la reconstitution du domaine utile des arrentements vendus, qui ne sont pas des dépenses mais des placements de fonds, soit ensemble	11,545 10
On aura le total de la dépense ordinaire telle qu'elle est constatée au compte administratif.........	469,320 49

Les logements à prix réduits que le Bureau de bienfaisance a organisés sur une grande échelle, tant dans l'ancienne ville qu'à Wazemmes, constituent encore une source abondante de secours. Ainsi les cours Pierre Busquet, Jean Frémaux, Muyssart, rue des Fossés et rue Détournée, permettent de mettre à la disposition des indigents 74 logements, dont les prix varient de 3 fr. 50. 4 fr. 50 c. à 7 fr.

A Wazemmes, rue Gantois, la Cité Napoléon occupe un hectare de terrain, sur lequel sont construits six pavillons reliés entre eux par des galeries. Cette Cité, composée de 276 chambres, est habitée par 900 individus tous inscrits sur les listes des indigents. Les chambres sont suffisamment grandes, bien aérées; leur prix est de 4 fr. 50 c. au premier et au second étage, et de 3 fr. 50 c. au troisième.

Un réglement d'administration intérieure oblige les locataires à être rentrés à heure fixe; les jours de fête sont exceptés et des dispenses accordées. L'ordre et la

propreté régnent dans ces établissements, et l'indigent,
en même temps qu'il voit son sort s'améliorer par la dimi-
nution du loyer, contracte des habitudes régulières qui le
transforment parfois, et corrigent ses habitudes mau-
vaises.

Le revenu de ces diverses maisons est presque insigni-
fiant ; ainsi la cité Napoléon n'a apporté au Bureau de
bienfaisance, pour l'année 1872, qu'un revenu brut de
12,000 fr., réduit à 4,112 fr., après prélèvement de tous
les frais généraux, soit à peine un pour cent de la valeur
du capital employé ; mais si l'on calcule l'importance des
secours qu'il faudrait distribuer aux 276 familles qui y
demeurent, pour combler l'excédant de leurs loyers,
quelle somme ne faudrait-il pas retirer de la caisse des
pauvres !

CITÉS DU BUREAU DE BIENFAISANCE.

LOGEMENTS D'OUVRIERS.

Résultat de l'exercice **1872.**

DÉNOMINATION des CITÉS.	LOGEMENTS		Loyer mensuel d'un logement.	TOTAL pour l'année.	ENSEMBLE.	A déduire : logements du régisseur et des concierges, bureau, logem. inoccupés.	SOMMES dues pour 1872.	NON-VALEURS.	SOMMES reçues.	OBSERVATIONS.
	Nombre.	Total par cité.	fr. c.	fr.	fr.	fr. c.	fr. c.	fr. c.	fr. c.	
Cité Napoléon — Rez-de-ch. et 1er étage	120	276	4 50	6,480	13,164	997 45	12.466 55	378 85	12,087 70	
2e étage	72		4 »	3,456						
3e étage	84		3 50	3,528						
Cour Busquet	26	35	7 »	2,184	2,562	50 30	2,511 50	37 84	2,476 66	
	9		3 50	378						
Cour Muyssart	2	17	4 50	108	570	106 75	463 25	»	463 25	
	11		3 50	162						
	4		grat.	grat.						
Cour Fremaux	11	17	7 »	924	1,176	117 25	1,058 75	7 »	1,051 75	
	3		3 50	126						
	2		5 25	126						
	1		grat.	grat						
R. des Fossés.	4	4	7 »	336	336	24 »	312 »	»	312 »	
R. d'Angleterre	3	3	7 »	252	252	84 »	168 »	»	168 »	
R. Détournée.	1	1	22 »	264	264	»	264 »	»	264 »	N'est plus loué à des indigents.
		353			18,624	1,379 93	17,244 05	120 6.	16,823 36	

RÉCAPITULATION DES LOGEMENTS A PRIX RÉDUITS.

DÉNOMINATION des CITÉS.	SOMMES reçues en 1872.	A DÉDUIRE.			TOTAL.	RESTE NET.	OBSERVATIONS.
		Impôts et assurance.	Répa- ration.	Frais generaux.			
Cité Napoléon. . .	12,087 70	1,980 42	2,963 95	3,093 55	7,974 92	4,112 88	
Cour Busquet. . .	2,476 66	510 »	828 06	100 »	1,438 06	1,038 60	
Cour Muyssart . .	463 25	85 42	452 35	»	537 77	»	74 f. 52 déficit.
Cour Fremaux . .	1,051 75	183 89	35 93	» (1)	219 82	831 93	
Rue des Fossés . .	312 »	72 74	110 47	»	183 21	128 79	
Rue d'Angleterre	168 »	53 16	220 16	»	273 32	»	105 f. 32 deficit.
Rue détournée . .	264	42 34	»	»	42 34	221 66	
						6,333 86 179 84	Deficit.
TOTAUX. . . .	16,823 36	2,927 97	4,550 92	3,190 53	10,669 44	6,154 02	Reste.

(1) Pour la cour Fremaux, la rue des Fossés et la rue d'Angleterre, les concierges sont nommés par les bureaux de charité établis dans ces cours.

Dans l'ordre moral, le Bureau de bienfaisance s'est occupé de recueillir, sur divers points de la ville, les petits enfants et les jeunes filles; cité Napoléon, une crèche et un asile ont été ouverts; ailleurs, ce sont des ouvoirs où les filles trop jeunes ou trop faibles pour travailler en fabrique apprennent la lecture, l'écriture, l'arithmétique et la couture. Ainsi, dans les dispensaires de Stappaert, Wazemmes, Moulins et Saint-Gabriel, des ouvroirs spéciaux rendent chaque jour les plus grands services aux indigents de ces quartiers. Et, pour employer l'heureuse expression d'un ancien membre de notre administration, « le Bureau de bienfaisance reste ainsi fidèle, tout en accomplissant sa mission principale, qui est de soulager la misère présente, à ce but élevé de toute charité intelligente, s'efforcer de prévenir la misère pour n'avoir pas à la guérir. »

Enfin, la Commission, aidée par les dons annuels et généreux du Cercle du Nord, fournit des lits en fer aux malheureux qui en manquent.

Ces distributions sont accueillies avec une vive reconnaissance et rendent de très-grands services à la population ouvrière. Elles permettent de réprimer ces abus scandaleux que l'exiguité de logements ne provoque que trop souvent, et de supprimer une honteuse promiscuité en séparant des enfants de sexes différents.

§ 3.

PROFESSIONS DIVERSES DES INDIGENTS ET CLASSEMENT.

DÉSIGNATION des CATÉGORIES D'INDIGENTS.	COMPOSITION DES FAMILLES.			TOTAUX.	
	Hommes	Femmes.	Enfants.	Familles.	Individus.
1° Individus seuls .... (Hommes	263	»	»	263	263
2° — .... (Femmes.....	»	1,303	»	1,303	1,303
3° Femmes veuves ou abandonnées avec enfants	»	1,019	2,486	1,019	3,505
4° Ménages sans enfants.............	367	367	»	367	734
Chefs de familles (par profession).					
Agents de police, facteurs............	18	18	86	18	122
Amidonniers, blanc de céruse........	7	7	22	7	36
Balayeurs et ouvriers de rues.........	37	35	115	37	187
Boulangers, pâtissiers, confiseurs	24	21	112	24	157
A reporter	716	2,770	2,821	3,038	6,307

DÉSIGNATION des CATÉGORIES D'INDIGENTS.	COMPOSITION DES FAMILLES.			TOTAUX	
	Hommes	Femmes.	Enfants.	Familles.	Individus.
Report............	716	2,770	2,821	3,038	6,307
Camionneurs, cochers, domest'ques ...	54	52	210	54	316
Casquetiers, bonnetiers, merciers	9	9	41	9	59
Charbonniers	27	24	108	27	159
Charpentiers, menuisiers, ébénistes ...	89	86	406	89	581
Chiffonniers	29	29	113	29	171
Commissionnaires	52	47	198	52	297
Cordonniers, savetiers..............	87	78	347	87	512
Corroyeurs, tanneurs..............	5	5	23	5	33
Dévideurs, bobineurs..............	125	114	474	125	713
Employés	30	29	142	30	201
Fabrique (en).....................	188	179	765	188	1,132
Ferblantiers, chaudronniers..........	29	29	135	29	193
Garçons brasseurs	2	2	9	2	13
Imprimeurs, cartonniers............	27	24	113	27	164
Jardiniers.......................	9	8	41	9	58
Journaliers, manœuvres, hommes de peine	774	729	3,241	774	4,744
Maçons, tailleurs de pierres, couvreurs, foreurs de puits.....	51	50	223	51	324
Manneliers, brossiers................	9	5	34	9	48
Marchands (petits)	80	77	321	80	478
Peigneurs, fileurs, filliers, rattacheurs.	309	285	1,325	309	1,919
Peintres en bâtiments, vitriers........	53	48	217	53	318
Perruquiers, barbiers	2	2	8	2	10
Plafonneurs	9	8	38	9	55
Rempailleurs de chaises	6	5	23	6	34
Sculpteurs.......................	3	3	12	3	18
Serruriers, mécaniciens, forgerons, chauffeurs.....................	150	143	689	150	982
Tables (ouvriers aux	14	14	76	14	104
Tailleurs d'habits	34	33	157	34	224
Tapissiers, matelassiers	18	16	70	18	104
Teinturiers, blanchisseurs	93	88	427	93	608
Terrassiers, briquetiers	54	52	222	54	328
Tisserands, ourdisseurs, tullistes......	170	158	735	170	1,063
Tonneliers, charrons, scieurs de long..	33	33	157	33	223
Sans professions (à cause d'infirmités ou de maladies	268	234	738	268	1,240
	3.608	5.468	14.653	5.930	23,729

Il est intéressant de connaître à quelles parties de la population appartiennent les indigents secourus ; cette statistique, indépendamment des renseignements précieux qu'elle apporte à l'étude du paupérisme, peut encore engager les hommes de cœur, appartenant à l'industrie et au commerce, à créer en faveur de leurs agents et de leurs ouvriers, des sociétés de prévoyance, de mutualité, de secours ou autres fondations de bienfaisance destinées à les protéger contre l'adversité et la misère.

Parmi les plus déshérités, et à ce titre ayant le droit d'être cités les premiers, nous trouvons une population que le malheur a rangée comme dans un cercle à part, à laquelle l'espérance même fait défaut, ce sont les indigents sans profession à cause d'infirmités ou de maladies.

Il existe dans nos murs 268 familles, composées de 1,240 individus, dont 738 enfants. C'est chez ces infortunés que la misère apparaît dans toute sa hideuse nudité. Lorsque l'on voit le chiffre que les ressources du Bureau de bienfaisance permettent de délivrer à une seule famille composée de cinq à six personnes, 80 fr. par an, on se demande avec effroi ce que deviendraient ces malheureux, si la charité privée ne veillait sur eux.

Que dirons-nous de ces 1,300 pauvres femmes seules, âgées, délaissées, vis-à-vis desquelles les portes des hospices se ferment, et qui ne peuvent trouver dans le travail aucun moyen de subvenir à leurs dépenses.

Et ces orphelins privés de leur père et dont le cortège atteint le chiffre énorme de 3,500. Là encore, point de salaire, aucune ressource ; la mère de famille, obligée de prodiguer ses soins à de jeunes enfants, ne peut s'éloigner du foyer domestique, où elle ne trouverait que le dénûment le plus affreux, si la charité publique et privée ne multipliait ses merveilles pour la sauver. Plus de mille femmes appartiennent à cette catégorie.

Après ces besoins exceptionnels, la première industrie qui attire nos regards, c'est la filature. Nous trouvons :

Ouvriers de fabrique	4,827
Journaliers divers.	4,744
Ensemble	9,571

Soit 41 °/₀ de toute la population indigente, et qui se répartissent ainsi :

	Hommes.	Femmes.	Enfants.	TOTAL.
Dévideurs, bobineurs.	125	114	474	713
En fabrique	188	179	765	1,132
Peigneurs, fileurs, filtiers, ratta-cheurs.	309	285	1,325	1,919
Tisserands, ourdisseurs, tullistes. .	170	158	735	1,063
	792	736	3,299	4,827
Auxquels il faut joindre : journaliers, manœuvres, hommes de peine . .	774	729	3,241	4,744
	1,566	1,465	6,540	9,571

Puis les ouvriers des corps de métiers que l'on peut s'étonner de trouver en aussi grand nombre dans cette nomenclature des indigents? N'ont-ils pas des salaires supérieurs aux travailleurs de la fabrique, et par suite ne devraient-ils pas être à l'abri du besoin. Faut-il voir dans ces tristes constatations, le résultat de la stagnation générale de l'industrie du bâtiment dans les dernières années que nous venons de traverser? ou, au contraire, faut-il considérer quelques-uns d'entre eux comme appartenant à cette classe d'hommes qui dévore et dissipe d'autant plus d'argent que les salaires sont plus élevés. Nous aimons mieux repousser cette dernière pensée, et ne voir dans cette nombreuse catégorie d'ouvriers que des victimes des événements contemporains.

OUVRIERS EN BATIMENTS.	Hommes.	Femmes.	Enfants.	TOTAL.
Charpentiers, menuisiers, ébénistes.	89	86	406	581
Maçons, tailleurs de pierre, couvreurs, foreurs de puits	51	50	223	324
Peintres et vitriers	53	48	217	318
Plafonneurs	9	8	38	55
Serruriers, mécaniciens, forgerons, chauffeurs	150	143	689	982
Terrassiers, briquetiers	54	52	222	328
	406	387	1,795	2,588

Arrêtons ici cette première partie de notre travail : il renferme sans doute bien des lacunes, mais, tout incomplet qu'il est, il permettra au Conseil municipal d'apprécier mieux encore que par le passé les immenses besoins du Bureau de bienfaisance, il provoquera, en faveur de cette classe dépossédée des dons de la fortune. l'ardente sympathie et la vive sollicitude des âmes généreuses.

[Lille-Imp. L Danel]